LE JEUNE GREC,

OU

LES SIX COURONNES;

TABLEAU ANECDOTIQUE,

MÊLÉE DE COUPLETS,

PAR M. DE PONCHARTRAIN.

Représenté pour la première fois sur le Théâtre de
M. Comte le 30 Septembre 1828.

PARIS,

LIBRAIRIE DE DUVERNOIS,

COUR DES FONTAINES, N. 12,

ET CHEZ LA CONCIERGE DU THÉATRE.

1828.

～～～～～～～～～～～～～～～～～～～～～～～～～～～～

PERSONNAGES.	ACTEURS.
SURVILLE, colonel	M. Alfred.
CHARLES, son fils	M. Francis.
GEORGES, fils d'un fermier . .	M. Joseph.
DOMINGO, Mûlatre	M. Martin.
BOTZARIS, Grec	M. Josse.
WILLIAMS, Américain	M. Deteuve.
CANARDINI, Italien.	M. Chéron.
HÉLÈNE, jeune Grecque . . .	Mlle Sophie Moria.
JACQUES, domestique.	M. Dogier.
DURAND, professeur.	M. Félicien.

La scène se passe chez le colonel Surville.

Le théâtre représente un salon au rez-de-chaussée, donnant vis-à-vis
la porte du jardin du pensionnat de M. Durand.

Imprimerie de SELLIGUE,
rue des Jeûneurs, n. 14.

LE JEUNE GREC

OU

LES SIX COURONNES.

SCÈNE PREMIÈRE.

SURVILLE, *seul.*

Aïe ! voilà mon accès de goutte qui me reprend… Aussitôt qu'il se présente une occasion de promenade agréable elle ne manque jamais de me tourmenter.

Air *du Verre.*

J'ai mis souvent, quoiqu'à regrets,
Dans ma carrière militaire
Soldats, officiers aux arrêts.
Maintenant, c'est une autre affaire;
La goutte, usant d'un droit cruel
Auquel, hélas! je me résigne,
Me dit aujourd'hui : Colonel
A votre tour je vous consigne.

J'aurais cependant bien du plaisir à pouvoir assister à la distribution des prix du pensionnat de monsieur Durand : il n'est séparé que par un mur de mon habitation, mon fils sera couronné, je l'espère, et mes petits protégés, ces jeunes étrangers qu'une société philanthropique fait élever, et qu'elle m'a chargé de surveiller, puissent-ils aussi obtenir des couronnes.

SCÈNE II.

SURVILLE, JACQUES.

JACQUES.

Monsieur, voici des lettres et vos journaux.

SURVILLE.

Donne. (*Il lit le timbre.*) Amérique, Boston.

JACQUES.

Boston… ah! je connais ce jeu-là ; mon premier maître disait que le boston était la partie des…..

SURVILLE.

Imbécille…

JACQUES.

Qu'est-ce que vous dites donc, monsieur ?

SURVILLE.

Boston... Le père de Williams, devenu infirme, redemande son fils, et me charge de témoigner à la société la reconnaissance qu'il conserve dans son cœur. (*Il décachete une autre lettre et dit à voix basse.*) Mon cher colonel, les Turcs ont enfin accepté (*il hausse la voix*) la bataille.

JACQUES, *à part.*

Allons, v'là encore le colonel dans ses cartes; il paraît qu'il n'est en correspondance qu'avec de joueurs. Ah! la bataille, ah! qu'c'est amusant... quand on a des as...

SURVILLE, *lisant à voix basse.*

L'affaire a commencé par une escarmouche de quelques hommes commandés par le brave Georjetti; les Musulmans se tenaient d'abord à l'écarté.

JACQUES, *écoutant.*

A l'écarté, nous y voilà encore.

SURVILLE.

Mais ils se sont mis en mouvement quand ils ont su que le brave Grec (*en haussant la voix*) avait fait une levée.

JACQUES.

Une levée... Est-il joueur!

SURVILLE.

Oh! si j'avais été des leurs.

JACQUES.

Vous auriez gagné la partie.

SURVILLE.

J'aurais au moins tâché de ne pas la perdre.

JACQUES.

Vous avez tant de bonheur au jeu.

SURVILLE.

Dix-huit blessures le prouvent.

JACQUES.

Vous remuez si bien les cartes, vous retournez toujours les rois et vous avez toutes les figures dans les mains.

SURVILLE.

Ah! ça, qu'est-ce que cet imbécille dit?

JACQUES.

De quoi mon colonel parle-t-il donc?

SURVILLE.

D'une bataille contre les Turcs.

JACQUES.

Ah! elle est bonne celle-là! je croyais ben autre chose; je vous entendais dire: boston, écarté, une levée.

SURVILLE.

Boston est une ville d'Amérique, la patrie de mon cher Williams.

JACQUES.

Monsieur Williams, oh! charmant petit sujet... A propos j'crois, monsieur', qu'il en aura celui-là des couronnes.

SURVILLE.

Je le désire.

JACQUES.

Et le petit Grec et le petit négrillon.

SURVILLE.

Ne t'ai-je pas défendu d'employer de semblables termes pour désigner le fils d'un habitant de nos colonies ?

Air : *Faut l'oublier.*

Ami, quelle est ton ignorance !
A tes yeux l'homme de couleur
N'est-il pas né du même auteur,
Fils d'une même providence.
Des vertus cédant aux appas,
Soutenant sa mère ou sa fille
Et comme nous souffrant, hélas!
Il est de la grande famille ;
L'homme méchant seul n'en est pas.

Et j'espère bien que mon petit Domingo s'illustrera...

JACQUES, *attendri.*

Pardon mon colonel, oh! vous êtes vraiment le soutien de tout le monde vous, car outre ceux dont vous parlez il y a encore auprès de vous la jeune Grecque, dont vous soldez la pension, et monsieur Charles votre fils, et Georges le neveu de votre fermier, et moi, monsieur, dont vous payez les leçons d'écriture, (*à part*) et qui n'en profite pas plus pour cela, et ce petit Italien, si sage, si soumis, le jeune Canardini. Oh! celui-là il a l'air d'avoir cinquante ans... T'nez, ce matin dans l'office un des écoliers a dérobé un dindon qui était réservé pour le dîner des maîtres.

SURVILLE.

Eh bien !

JACQUES.

Si vous aviez vu comme il était peiné ce pauvre monsieur Canardini; il levait comme ça les yeux, il frappait comme ça des mains, il s'écriait: oh! quelle horreur! et enfin le vol de ce dindon lui a donné la chair de poule... Oh! le joli petit sujet! bien sûr qu'il ne sera pas des derniers pour les couronnes.

Jacques, approche... Donne-moi le bras jusqu'à ma chambre...
Aïe! maudite goutte.

Si le gros professeur appelait les prix, vous savez celui qui a
une si belle voix, oh! je suis bien sûr, mon colonel, que vous se-
riez ici comme dans la salle des distributions.

Je vais en attendant préparer mon courrier.

Air : *Je regardais Madelinette.*

Il faut qu'à l'instant je réponde.
Viens Jacques.....

Pour fair'porter, ma foi,
Ses lettres jusqu'au bout du monde,
Monsieur, j'espèr'n'compte pas sur moi.

Non, je ne compte pas sur toi.

(*Ils sortent.*

SCÈNE III.

GEORGES, CHARLES.

(Au moment où Jacques reconduit Surville, Charles et Georges
arrivent.)

Air : *Petit bonhomme prend'sa hache.*

Ah! pour nous quel jour d'ivresse,
Notre cœur bat de crainte et d'espoir ;
Pour nous la victoire tresse
Les palmes dignes du savoir.

Des couronnes de la fête
Je suis , Georges, plus heureux
D'en voir une sur ta tête
Que si j'en obtenais deux.

Ah! pour nous quel jour d'ivresse. etc.

Mon cher Charles, je n'aurais point de chagrin d'être privé
d'une récompense si je te la voyais obtenir : tu as tant de droits
à mon amitié : fils d'un simple fermier, monsieur le colonel Surville, ton père, m'appelle pour me faire partager tes travaux, il
se charge des frais de mon éducation, il nous confond tous les
deux dans son amitié.

Mon père avait deviné l'ami qui convenait à mon cœur, aussi

·ien de caché entre nous : n'est-ce pas, Georges, que si tu faisais une mauvaise action , tu me le dirais avec franchise.

GEORGES.

Oui, Charles ; aussi ce matin, quand on a découvert l'histoire de ce larcin commis dans l'office , et que chacun accusait son camarade, en venant auprès de toi j'étais certain d'être à côté de quelqu'un qui ne m'accuserait pas , et que je n'avais pas le droit de soupçonner.

CHARLES.

Oh ! non, Georges... (*Ils se serrent la main.*)

Air *de Turenne.*

D'une blâmable espiéglerie,
Si j'étais coupable, d'abord
Je l'avouerais. L'âme est flétrie
En cherchant à masquer un tort ;
Elle devient plus coupable encor.
Lorsque la franchise importune.
Lorsqu'on veut taire un indigne secret,
Dans maints détours s'égarant on commet
Dix fautes pour en cacher une.

GEORGES.

Je répondrais de toi comme de moi-même, de Botzaris , de Domingo , de Williams...

CHARLES.

Oh ! certainement , de Botzaris , de Domingo, de Williams...

SCÈNE IV.

LES MÊMES, CANARDINI, *s'approchant hypocritement.*

CANARDINI.

Oh ! moi je pense absolument comme vous.

CHARLES.

Oh ! c'est toi, Canardini ? (*Il lui fait la mine.*)

CANARDINI.

Oh ! certainement parmi nous personne n'est capable d'une conduite aussi coupable : manger le dîner de nos professeurs, quelle horreur !

Air : *Femmes, voulez-vous éprouver.*

J'ai lu je crois, ou l'on m'a dit,
Que pour l'étude , un savant plein de flamme
La nommait le pain de l'esprit
Et la nourriture de l'âme.
Messieurs, chacun ici devait
Se contenter d'un lot comme le nôtre.
Pourquoi laisser un tel buffet
(*montrant ses livres.*)
Pour aller en piller un autre?

Il y a cependant une pénible réflexion à faire, l'éducation corrige rarement les premières inclinations.

GFORGES.

Le voilà encore avec ses phrases.

CANARDINI.

Ah! il y a de ces habitudes que l'on pourrait appeler nationales, qui ne se perdent jamais: un chat égratigne toujours, un Arabe vole toujours, un nègre, un Grec...

CHARLES. .

Mauvaise langue! Je te vois venir, tu veux faire naître des soupçons...

CANARDINI.

Ah! vous me connaissez bien peu. J'aime beaucoup Williams, Botzaris, Domingo, mais je suis forcé de dire qu'ils viennent de pays encore un peu ignorans... et qu'on ne connaît peut-être pas bien encore par là les lois de la propriété... Les sauvages croient peut-être que les dindons appartiennent à tout le monde, ce n'est qu'une idée.

GEORGES.

Garde tes idées pour toi; Williams a la franchise du cœur, l'âme de Domingo est pleine de reconnaissance, et Botzaris a cette noble fierté qui conduit à l'héroïsme.

CANARDINI.

Tout cela n'empêche pas d'aimer le dindon.

CHARLES.

Et si je disais que Botzaris corrige tous les jours tes devoirs, que Williams fait tes thèmes, et que Domingo te prête tous ses calculs. Voilà pourtant l'opinion de tous nos camarades.

CANARDINI.

Ils sont dans l'erreur, mon pauvre Charles; ceux qui s'égarent ont des droits à notre pitié, et je plains les camarades abusés... (*On entend crier dans la coulisse.*)

GEORGES.

Entends-tu les cris de nos amis? quelle gaîté préside à leurs jeux! il font une partie de barres, regarde les... Il n'y a que ceux qui ne sont pas coupables qui peuvent avoir une joie aussi véritable.

CANARDINI, *à part regardant.*

Une partie de barres, Botzaris a ôté sa veste. (*Haut.*) Mais, mon jeune ami, leur gaîté pourrait venir de l'amour-propre qui attend un prix. Ces Américains c'est si fiers, ces mulâtres c'est si confians, ces Grecs ça ne doute de rien... Dans un moment nous saurons qui doit se réjouir, la nouvelle composition que monsieur Durand nous a fait recommencer hier, n'est pas encore jugée... Je serai le premier à connaître les vainqueurs et le premier à les applaudir... J'aurais désiré présenter mes salutations à monsieur le colonel; mais il n'est pas visible dans ce moment : je connais les devoirs de la reconnaissance, mais je ne les pousse pas jusqu'à l'importunité.

SCÈNE V.

CHARLES, GEORGES, BOTZARIS, DOMINGO, WILLIAMS.

(Au moment où Canardini va pour sortir, Bottzaris, poursuivi par Williams et Domingo, entre dans le salon du colonel, et, rencontrant dans sa course Canardini, le coudoie brusquement : celui-ci se retourne sans marquer de mécontentement, et sort en disant :)

CANARDINI.

Ah ! messieurs vous êtes bien jeunes...

DOMINGO *à Botzaris.*

Pris...

BOTZARIS.

Air : *Dans ce castel.*

Oui, je suis pris, la victoire te reste,
Et sans rougir je cède à mon vainqueur.
Dans son triomphe il faut être modeste ;
Car dans ce jeu le sort est bien trompeur.
Hier encor tu te laissas surprendre :
Je te devais d'être ton prisonnier,
Et c'est l'honneur qui me dit de me rendre,
Pour m'acquitter envers mon créancier.

Et la partie est terminée... Bonjour Charles.

CHARLES.

Bonjour Botzaris, bonjour Domingo.

GEORGES.

Dites donc, avez vous remarqué la mine de Canardini.

WILLIAMS.

Laisse le donc Georges, ne t'acharne pas contre lui, je t'assure qu'il est bien bon camarade.

GEORGES.

Et surtout qu'il t'aime bien, ainsi que Domingo et Botzaris.

BOTZARIS.

Ça m'est bien égal... Mais dis nous donc, Charles, comment se porte aujourd'hui ton père, ce bon monsieur Surville ?

CHARLES.

Il est en occupation, je ne l'ai pas encore embrassé. Oh ! il ne tardera pas à venir nous rendre une visite ; vous savez que son plus grand plaisir est que nous regardions son salon comme le jardin de la pension.

BOTZARIS.

Et quelquefois même comme un champ de bataille, ou

comme la rade de Toulon. Vous rapellez-vous hier comme je vous avais métamorphosé, le canapé en frégate, les chaises en gabarres, les rideaux en voiles d'artimon ! c'était le tableau du départ de l'expédition française pour la Morée; les cris des amis qui se disaient adieu sur le rivage, les signaux des matelots qui répondaient à leurs mères, à leurs sœurs, à leurs enfans, les coups de sifflet des maîtres d'équipages, les chants de plaisir des jeunes marins ; allons, toutes les voiles dehors : vive la France.

Air : De la Gazza.

Mes amis, quel beau jour !
On entend tour à tour
Des cris de gloire et d'allégresse;
Pour défendre la Grèce,
Chacun veut partager
Et le triomphe et le danger.
Adieu, mon fils, adieu, mon père,
Enviez notre sort aujourd'hui :
Chaque Grec est pour nous un frère,
Qu'il vive, ou mourons avec lui.
Le signal est donné :
Sur la rive amené
Pour cette solennelle fête,
Le peuple s'attendrit,
Le matelot s'apprête,
Le salut du canon retentit.
A la gloire chacun s'excite,
Chacun fait de nobles projets;
Le vent souffle et soudain agite,
Sur ses mâts le pavillon français.
L'ancre lève, et mon cœur
Palpite de bonheur.
O France !
Ma reconnaissance
Redouble pour tes fils,
Par leur roi réunis.
Amis, ils sauvent mon pays !

Oh ! bientôt je reverrai ma patrie.

WILLIAMS.

Et moi la mienne.

DOMINGO.

Avec quelle ivresse je retournerai aux pays qui m'ont vu naître !

WILLIAMS.

De retour dans ma patrie, placé dans une école où l'on étudie les lois, je m'appliquerai à mériter un nom honorable, je défendrai le faible, le pauvre et l'orphelin.

Air : T'en souviens-tu ?

Sachant me guider dans la vie,
Et d'être utile emportant le moyen,
Par les beaux-arts l'existence embellie,
Me charme encor en faisant quelque bien.

Si j'en trouve une récompense
Dans l'amitié... Williams soudain dira ,
Jetant les yeux du côté de la France :
« Voilà , jadis où j'appris tout cela. »

DOMINGO.

Revenu dans ma peuplade sur les bords du grand fleuve, je charmerai le repos de mes pauvres colons par des histoires de la France, je m'occuperai de travaux utiles, je leur parlerai des inventions des arts, je les exécuterai pour les leur faire comprendre , sur le grand torrent qui sépare nos tribus nous jetterons un pont en fer, j'établirai des paratonnères sur les cabanes que la foudre menace , et le soir sous le grand palmier après la chanson du pays :

AIR : *C'est bien ici l'instant de commencer.*

De nos colons devenant précepteur,
Sous le palmier dont la feuille s'incline
Je formerai leur esprit et leur cœur
Avec Corneille et Molière et Racine,
O Nicolo ! Boieldieu ! vos concerts
Voleront jusqu'au bout du monde ;
Pour nos refrains adoptant tous vos airs,
Ils apprendront à l'écho des déserts,
Et *la Dame blanche* et *Joconde.*

Et après la danse du pays.

(Il danse sur la ritournelle.)

AIR : *Du petit blanc.* (Panseron.)

Après travail extrême
Que le soir fait cesser ,
Nègres, colons que j'aime,
Il faut rire et danser.   (*bis*).
Et je vais, pour vous plaire
Répéter à l'écho
Contredanse légère
D'Hérold, de Nicolo.

Peuple noir en cadence,
Pour oublier tes chagrins ,
Peuple noir, chante et danse
Sur ces joyeux refrains.

(*Parlé.*) Écoute.

Georges tire de sa poche un flageolet à clef, et joue la contredanse de *Marie.* L'orchestre accompagne, et Bottzaris et Williams, Georges , Charles, figurent. Après la figure , Domingo reprend sa chanson créole.)

(Ils reprennent tous.)

Ah ! mes amis que ne sommes-nous dans mon pays...! Quel bonheur d'être tous réunis. (*Il prend la main de Charles et Georges.*) Vous viendrez me voir.

BOTZARIS , *s'élançant au devant de Charles et de Georges.*

Oh ! non, c'est en Grèce que mon bon Charles viendra, et Georges aussi fera ce voyage... Je le demanderai au colonel ;

s'il y a encore quelques dangers à courir nous les affronterons ensemble, et le jour de la délivrance de notre chère patrie, nous partons comme jadis Anacharsis, et nous faisons notre voyage pittoresque et philosophique.

Air : Il a pris bien plus d'un drapeau.

Pour s'instruire et s'immortaliser,
Tous trois visitons ma patrie ;
L'amitié, sur le sol du génie,
Viendra vous naturaliser.
Admirant les vertus,
Cherchons le lieu qu'un nom illustre honore,
Et là, donnons encore
Un souvenir à ceux qui ne sont plus.
Voyons aussi d'un œil ravi
Les plaines d'Argos, de Corinthe,
Retenant les pleurs et la plainte,
Inclinons-nous devant Missolonghi.
Jetons tous, en chemin,
Un triste regard sur la terre
Où le divin Homère
Naquit, hélas! et mendia son pain.
Au Parnasse encore, nous dit-on,
Le laurier toujours se moissonne :
Nous irons prendre une couronne
Pour la porter au tombeau de Byron.

(A Georges.)

Redeviens laboureur,
Nous rendrons tes travaux utiles.
Au pied des Thermopyles,
Ami, soyons chacun agriculteur :
Là nous féconderons nos travaux ;
Sur un sol si riche de gloire,
C'est presque vivre au temple de mémoire,
Que d'habiter avec trois cents héros.

CHARLES.

Voici mon père.

(Ils vont tous au-devant de M. Surville,)

<h2 style="text-align:center">SCÈNE VI.</h2>

LES PRÉCÉDENS, SURVILLE.

SURVILLE.

Bonjour, bonjour, mes enfans.

TOUS.

Bonjour, notre bon père.

SURVILLE.

Oh! mes jeunes amis, restez toujours unis, que votre cœur conserve la mémoire de vos beaux jours d'enfance: l'amitié est la seule chose que les événemens, les bizarreries de la fortune ne peuvent détruire.

AIR : *Tristes échos.*

Le temps , le caprice , le sort ,
  Usant d'un puissant privilége ,
Tourmentent l'homme ; il font un vain effort.
Contre le cœur qu'un autre cœur protége,
Que peut-on craindre alors que l'amitié
De nos chagrins vient prendre la moitié ?

De vous chérir vous eûtes le bonheur ;
En vous quittant ne pleurez pas l'absence,
L'éloignement n'enchaîne pas le cœur :
Comme le vent il franchit la distance ;
A peine en route il trouve l'amitié ,
Qui du chemin a fait l'autre moitié.

J'ai reçu, mes bons amis, des lettres de tous vos parens... Je vous en dirai le contenu. (*On entend sonner la cloche du collège.*) Mais j'entends la cloche qui vous appelle à la distribution des prix , je ne veux pas retarder un aussi beau moment.

BOTZARIS , *à part.*

Et ma veste qui est restée dans la cour... Je vais la prendre.

CHOEUR.

AIR : *Beaux jours de notre enfance.*

Amis, la cloche sonne ;
Cet instant *(bis)* est bien doux ;
D'avoir une couronne
Nous sommes tous jaloux.

BOTZARIS , *au colonel.*

Nous verrions avec gloire ,
  Quoiqu'encor écoliers ,
Nos palmes de victoire
S'unir à vos lauriers.

TOUS.

Amis, la cloche sonne.

(Ils sortent tous, Surville cherche à les suivre ; il disparaît un moment.)

SCÈNE VII.

CANARDINI *sort, il est un peu inquiet.*

Le professeur n'a pas même eu le temps de faire la liste de distribution, il appellera par ordre. J'ai trouvé le moyen de dérober ma copie, de transcrire celle de Botzaris, d'y mettre mon nom, de la placer en tête et de faire rentrer la sienne dans la pacotille, afin que le nombre y soit, s'il prenait envie de les compter... Donc, je suis le premier... et le prix sera pour votre serviteur... Ah ! qu'on a de mal... Comment ! moi , si habile à lire les jours de compositions par dessus l'épaule des camarades, je n'avais pas pu attraper un pauvre mot...? Tout est réparé ; afin que mon triomphe soit complet, j'étais descendu pour cause , et après avoir fait un accroc à la veste du petit Grec, je l'ai portée chez le portier pour la faire recoudre... Si le concierge fouille dans les poches... tant pis... cela ne me regarde nullement... Je m'en lave les mains... Cette expédition m'a altéré. (*Il regarde une bouteille.*) Si le colonel était là, il m'offrirait de me rafraîchir. Je puis bien me permettre... Le Dindon, ça pèse sur la poitrine.

(Il prend un verre de vin : au moment où il le porte à ses lèvres, le colonel entre.)

SCÈNE VIII.

CANARDINI, SURVILLE.

SURVILLE.

Oh! décidement, mes jambes me refusent le service. (*Il aperçoit Canardini.*) Que faites-vous donc là, Canardini?

CANARDINI, *aperçu.*

Colonel, je... je bois à la gloire de la France. (***Il boit.***)

SURVILLE.

A la gloire de la France ! Morbleu, vous ne boirez pas seul... (*Il prend un verre et l'emplit.*) Au succès de nos armes !

CANARDINI, *se versant encore et buvant de nouveau.*

Au succès de nos armes !

SURVILLE.

Eh bien! Canardini, vous n'allez pas à la distribution ? Il m'a semblé de la croisée du jardin entendre proclamer votre nom... Va donc, mon ami, va donc.

> Air : Vaudeville de *Partie et Revanche.*
>
> Certainement je viens d'entendre
> Ton nom : tu seras couronné ;
> Mais hâte-toi donc d'aller prendre
> Le prix qui te fut décerné.

CANARDINI.

> Sans doute je tiens à la gloire,
> Mais j'estime peu les flatteurs;
> Je suis content de ma victoire,
> Et je me dérobe aux honneurs,
> Oui, je me dérobe aux honneurs.

(On appelle Canardini.)

Ils le veulent absolument... J'obéis... (*Il sort.*)

SCÈNE IX.

SURVILLE, *seul.*

Singulier petit corps,.. Toute la bizarrerie italienne dans ses manières. Oh! moi je ne me serais pas fait attendre ; le plus beau jour de la vie c'est celui où l'on reçoit son premier prix... Non, je me trompe, c'est celui où l'on donne son premier coup de sabre. Ces chers enfans, que ne puis-je les suivre ! mais il m'a fallu me résigner à rester au quartier de réserve. Si j'avais au moins pour me tenir compagnie ma bonne petite Grecque, mon Hélène, la sœur de Botzaris, charmante enfant ; j'avais cependant ordonné qu'on l'amenât aujourd'hui de bonne heure.

(*Hélène arrive doucement ; elle se lève sur le dossier du fauteuil de Surville, et lui pose sa couronne sur la tête.*)

Elle aura sans doute remporté une couronne.

SCÈNE X.

SURVILLE, HÉLÈNE.

HÉLÈNE, *paraissant.*

Oui, colonel!

SURVILLE.

Ah ! te voilà, mon enfant?

HÉLÈNE.

Air : *Tout est contrebande.*

La reconnaissance
Me dit d'offrir, comme un don flatteur,
Ma récompense
A mon bienfaiteur.
Aussi chaque jour,
Rempli d'amour,
Mon jeune cœur,
Dans son ardeur,
Met son bonheur
A travailler avec courage.
Vous formez mes goûts,
C'est donc à vous
Seul que je dois
Cette palme que je reçois,
Et je viens vous en faire hommage.
La reconnaissance, etc.

SURVILLE.

Charmante enfant... Quel cœur ! quelle noblesse de senti-mens !

HÉLÈNE.

Ah ! mon cher colonel, j'ai bien des choses à vous conter depuis notre dernière entrevue... Je me suis occupée d'un ouvrage que je veux dédier aux Grecques, mes compatriotes.

SURVILLE.

Toi, femme auteur?

HÉLÈNE.

Pourquoi pas...? Oh ! mon Dieu ! je ferais mes douze ou quinze volumes par an, tout comme une autre.

SURVILLE.

Et quel est le grave sujet de tes méditations ?

HÉLÈNE.

Les modes françaises.

SURVILLE.

Air : *De la Sentinelle.*

Ma belle enfant, non, tu n'y penses pas :
Vouloir écrire, en France, sur la mode,
As-tu songé, ma chère, à l'embarras
De nous tenir au courant de son code ?
Aux élégans ton livre, pour certain,
Ne semblera qu'une vieille chronique.
 Le vêtement né le matin,
 Avant le soir, chez nous soudain,
 Disparaît ou devient gothique.

HÉLÈNE.

Oh ! colonel, vous n'y êtes pas ; les modes de chapeaux et de robes ne sont pas ce qui presse les plus à introduire chez les dames grecques.

Air : *Pour n'avoir jamais tort.*

Inconstant et léger,
Ici le goût endure
Un schall, une parure
Qu'il faut bientôt changer.
Mais la gloire chérie,
La douce urbanité,
Et la franche gaîté
Jointe à l'étourderie,
Ces modes-là, toujours,
En France auront leur cours.

Et elles seront le principal objet de mon ouvrage... Nous avons bien des réformes à faire dans nos îles de l'Archipel... Parmi nos usages il n'en est qu'un que je prends sous ma protection, c'est celui d'offrir aux étrangers...

SURVILLE.

Une pipe de tabac ?

HÉLÈNE.

Des confitures... Par exemple, il est réellement des voyageurs qui abusent de l'usage... Ils les mangent avec de grandes cuillers.

RONDEAU.

Air *Anglais.*

O charmant pays de France !
Je veux propager partout
Tes modes, ton élégance,
Tes usages et ton goût.
Aux dames de notre empire
J'apprendrai couplets, rondeaux,
A draper un cachemire,
A danser des pas nouveaux.

O charmant pays, etc.

Aux pièces dignes d'éloges,
Du doigt on applaudira ;
Et, pour mieux voir dans les loges,
En Grèce on se lorgnera.

(*Parlé.*) Oh ! c'est charmant ! délicieux, parole d'honneur !

O charmant pays, etc.

SCÈNE XI.

LES PRÉCÉDENS, JACQUES.

JACQUES.

Ah ! mon Dieu, mon Dieu, que c'est beau une distribution
de prix ! quel silence ! quel bruit ! et le discours du professeur en
latin. Ah ! si vous l'aviez entendu, mon colonel, il y avait des mots
longs comme ça. Ah ! faut voir la joie des uns quand ils vont
chercher leurs livres, le dépit des autres quand ils n'ont rien.

HÉLÈNE.

Et nos jeunes amis ?

JACQUES.

Ah ! mon Dieu, il ont tout pris.

HÉLÈNE.

Oh ! tant mieux.

JACQUES.

C'est-à-dire tout... Non pas, il y a ce pauvre monsieur Botzaris qui n'a rien eu, et même on chuchotait ; il y a là une ai-
guille sous roche.

HÉLÈNE.

Botzaris... Mon frère...

SURVILLE.

Q'entends-je... Quel bruit.

SCÈNE XII.

LES PRÉCÉDENS, BOTZARIS, WILLIAMS, CHARLES, GEORGES, DOMINGO.

AIR : *De la Belle au bois dormant.*

TOUS.

C'est une infamie.

WILLIAMS.

Une calomnie.

GEORGES.

Un vrai guet-apens.

CHARLES.

Oui, c'est un tour abominable ;
Mais le triomphe des méchans
N'est pas durable.

BOTZARIS.

Oh! mon colonel, oh! ma petite Hélène, Botzaris n'a pas
reçu de récompense!...

CHARLES.

C'est incompréhensible... Après le concours j'ai vu ta composition, elle l'emportait sur la mienne.

DOMINGO.

Et sur la mienne.

WILLIAMS et GEORGES,

Et sur la nôtre aussi.

BOTZARIS.

Air du vaudeville du *Piége.*

Amis, soyons donc résignés.
Mon espérance était frivole ;
Quand pour le prix je vous vois désignés,
Votre triomphe me console.

CHARLES.

Cette palme pour moi n'est rien ;
Maintenant elle m'importune :
Pour nous, amis, il en faut cinq, ou bien
Nous n'en accepterons aucune.

BOTZARIS.

Non, non, mes amis, ne faites pas pour moi de sacrifices,
ouissez en paix de votre gloire.

WILLIAMS ,

Air *de Joconde.*

Je ne comprends pas ce mystère.

DOMINGO.

Son travail était, mes amis,
Si bien !

GEORGES.

Comment peut-il se faire
Qu'il n'ait pas obtenu de prix ?

CHARLES.

De notre maître est-ce un caprice ,
Est-ce une erreur, une injustice,
Et devions-nous voir aujourd'hui
Des lauriers à Canardini ?

TOUS.

Et devions-nous , etc.

SCÈNE XIII.

LES PRÉCÉDENS, CANARDINI.

CANARDINI.

(Suite de l'air.)

Ah ! Bottzaris, je partage ta peine ,
Car je connais ton talent comme moi;
Cette couronne et me pèse et me gène :
Je la mérite, hélas! bien moins que toi.

WILLIAMS.

(Reprise de l'air.)

Je ne comprends pas ce mystère, etc.

CANARDINI.

Eh ! mes pauvres amis, le succès ne couronne pas toujours le talent: que d'échecs le mérite éprouve ! Homère , le Camoens , les Tasse, Socrate, sont là.

JACQUES, *se détournant.*

Où donc sont-ils?

CANARDINI, *continuant.*

Allons, Botzaris; calme toi, que sont pour le cœur quelques volumes élégamment reliés? je les garde, parce que je les ai, mais s'il fallait seulement faire un pas pour les...

JACQUES, *annonçant.*

Monsieur Durand vient vous rendre visite: il a l'air bien affairé.

TOUS, *étonnés.*

Air *de M. Menu.*

Eh ! quoi, c'est monsieur Durand !
Que peut vouloir en ce moment
Monsieur Durand ?   *(bis.)*

SCÈNE XIV.

LES PRÉCÉDENS, DURAND.

DURAND.

Monsieur le colonel, je vous présente mes civilités ; je viens vous demander de l'autorisation faire une petite enquête sous vos yeux.

CANARDINI.

Oh ! quel œil il a, monsieur Durand !... Je m'éloigne.

DURAND.

Restez, Canardini.

SURVILLE.

Monsieur Durand, en tout ce qui vous sera agréable, disposez de moi.

DURAND.

Canardini, remettez-moi ces livres, cette couronne ; vous avez été nommé premier prix, votre copie se trouvant en effet celle qui méritait cette préférence, le billet décacheté m'a montré votre nom et je l'ai proclamé. Mais après la distribution, jetant un regard sur le reste des devoirs, j'ai trouvé la quatorzième copie entièrement semblable à la vôtre.

CANARDINI.

Quelque plagiaire...

DURAND.

Et après avoir rompu le cachet qui dérobait le nom, j'ai lu celui de Botzaris.

TOUS.

Botzaris !

BOTZARIS.

Moi !

DURAND.

Tous les mots étaient les mêmes : ainsi, ou Canardini a copié Botzaris, ou Botzaris a copié Canardini.

BOTZARIS.

Pourriez-vous me croire assez lâche...

CANARDINI.

Discutons, Botzaris, et ne nous emportons pas.

BOTZARIS, *s'avançant.*

Je vais...

CANARDINI.

Frappe, mais écoute : M. Durand, vous avez dû lire d'abord
tous les devoirs pour décerner les prix. Comment se fait-il que
vous n'ayez pas mis ensemble ces deux copies, qui évidemment
sont aussi bonnes l'une que l'autre, puisqu'elles se ressemblent?
Comment se fait-il que l'une soit la première et l'autre la quatorzième par ordre de mérite?

DURAND, *à part.*

Il m'embarrasse.

CANARDINI.

N'est-il pas supposable plutôt qu'on se soit introduit chez
vous après la composition, qu'on ait copié ma... *(Botzaris fait
un geste de menace.)* sa.... notre.... Enfin ce sont de simples
idées que j'ouvre... Et le même n'aurait-il pas pu, en redescen-
dant par l'office, se laisser tenter par le...

JACQUES.

Dindon.

CANARDINI.

Jacques l'a dit.

JACQUES, *à part.*

C'est moi qui l'ai dit.   *(Il sort.)*

BOTZARIS.

Oh ! c'est trop fort, langue de vipère.

AIR : *Il me faudra quitter l'empire.*

Faites cesser, je vous supplie,
Tous ses propos, tendant à m'accuser;
C'est une infâme calomnie;
Canardini voudrait vous abuser.
Avant de voir mon âme criminelle,
Avant de fuir l'honneur, ce bien si doux,
J'aimerais mieux, je le dis entre nous,
Souffrir la mort la plus cruelle.

CANARDINI.

Il ne faut pas disputer sur les goûts.   *(ter.)*

BOTZARIS.

Eh bien , M. Durand, il me vient une pensée; si le travail de chacun ne peut être reconnu par vous, pourquoi ne pas nous condamner à le refaire?

CANARDINI, *à part.*

Oh ! ce n'est pas là mon compte..... *(haut.)* Il n'est pas question de savoir qui peut refaire ce travail , il s'agit de savoir qui l'a fait d'abord.

SURVILLE.

L'opinion de Bottzaris me semble raisonnable.

BOTZARIS.

Mon colonel, je vous en prie, renfermez-nous tous les deux dans votre chambre à coucher, et je réponds de vous convaincre de mon innocence.

(Surville parle à voix basse à Durand.)

CANARDINI.

Que diable machine-t-il ?... Pourvu qu'il n'aille pas me donner des demandes sur l'histoire de France.

DURAND.

Allons, Canardini, Botzaris , prenez ce papier, ces plumes , écrivez. *(Il dicte à voix basse.)* D'abord ces difficultés à traduire du français en latin.

CANARDINI , *écrivant.*

Ça se gâte... Si le portier arrivait avec la veste encore.

WILLIAMS.

Les yeux de Botzaris brillent , il est sûr de son affaire.

CHARLES.

Il me semble que Canardini tremble.

DURAND.

Maintenant , écrivez ces trois questions de l'histoire civile et morale de Paris...

CANARDINI.

J'étais sûr de cela.

DURAND.

Avez-vous écrit?

SURVILLE.

Maintenant, messieurs, passez dans ma chambre, et faites le travail à votre aise.

CHŒUR.

Air : *Trop de promesses ici nous furent faites.*

Que vont-ils faire
Pour cette affaire ?
Ils n'ont pas pu se préparer :
Il est probable
Que le coupable
De là ne pourra se tirer.

BOTZARIS.

Ah ! puisse-t-il se laisser prendre au piége !

CANARDINI.

De mon succès l'adresse me répond ;
Car, pour s'instruire et bien vivre au collége,
Il faut avoir le nez fin et l'œil bon.

TOUS.

Que vont-ils faire ?

BOTZARIS.

Je crains, j'espère,
Et, pour bien faire,
Mon esprit va se préparer.
Il est probable
Que le coupable
De là ne pourra se tirer.

CANARDINI.

Dans cette affaire,
Que vais-je faire ?
A ce coup je saurai parer.
Etant coupable,
Soyons capable ;
De ce pas sachons nous tirer.

(On conduit Botzaris et Canardini dans la chambre.)

SCÈNE XV.

LES PRÉCÉDENS, excepté Canardini et Botzaris, JACQUES,
qui était sorti revient en courant.

JACQUES.

Monsieur Durand, Monsieur Durand.

DURAND.

Eh bien !

24

JACQUES.

Est-il étonnant, le portier..! Il m'dit, qui dit, Jacques porte
à M. Durand cette veste.

DURAND.

C'est celle de Botzaris.

JACQUES.

Et puis tu lui diras de ma part de fouiller dans la poche gauche, et suffit.

DURAND.

Que signifie ?...

(Il fouille dans la poche et en tire deux pattes de dindon.)

JACQUES.

Je les reconnais, c'est le dindon.... Oh! c'est bien lui, c'est
bien sa patte gauche.

SURVILLE.

Comment! c'était Botzaris ?

WILLIAMS, GEORGES, DOMINGO, CHARLES.

Botzaris !

DURAND.

Air : *Je loge au quatrième étage.*

Colonel, quelle est ma surprise!
Son air toujours plein de candeur,
Son regard peignant la franchise,
Jusqu'à ce jour m'ont, sur l'honneur,
Jeté dans une entière erreur.
Pour lui quelle honteuse tache!
Ces preuves le condamnent.

JACQUES.

Mais
Sachez dans quel endroit il cache
Les autres pièces du procès.

(Il met la main sur son ventre, et dit :

Voilà dans quel endroit il cache
Les autres pièces du procès.

WILLIAMS.

Il paraît que la composition est finie.

DURAND.

Je veux voir jusqu'où il poussera la dissimulation... Mes amis
tenez-vous un peu à l'écart.

SCÈNE XVI.

LES PRÉCÉDANS, BOTTZARIS.

BOTZARIS.

J'ai fini, et je crois le tenir.

DURAND.

Regardez-moi, Botzaris, êtes-vous content de vous ?

BOTZARIS.

Vous jugerez si je dois l'être.

DURAND.

Pourquoi avez-vous ce vêtement? il me semble que ce matin vous en portiez un autre?

BOTZARIS.

En effet; mais ne l'ayant pas retrouvé lors de la distribution...

DURAND.

Quelle effronterie ! Le portier était en train de réparer un accroc que dans un moment de précipitation, sans doute...

CANARDINI, *paraît au moment où Durand montre la vestre.*

Il paraît que les pattes ont fait leur effet.

BOTZARIS.

Ce n'est pas moi qui ai donné au concierge...

CANARDINI.

Ta veste ? ah! c'est moi, j'ai cru bien faire, elle était dans un état...

BOTZARIS.

Si je comprends...

DURAND.

Puisque vous ne voulez pas avouer, voyez, monsieur, si nous sommes dupes de vos protestations.... *(Il lui montre les pattes.)* C'est vous qui avez dérobé ce matin dans l'office...

CANARDINI, *reculant d'effroi.*

O ciel !

BOTZARIS, *à part.*

Je suis anéanti... Je soupçonne encore.... Tout cela s'éclaircira.

DURAND.

Dans un moment nous obtiendrons peut-être de vous un double aveu.... Voyons la composition : d'abord les phrases latines.

(Botzaris présente son papier, le colonel et les camarades s'ap·prochent.)

DURAND, *lisant.*

C'est bien, je suis forcé de dire que c'est très-bien... Le vôtre, Canardini.

CANARDINI, *à part.*

Le mien doit être bien puisque c'est la même chose. Quand Botzaris écrivait ses questions , il s'appuyait sur le coude après chaque phrase , et mon œil plongeait à merveille.

DURAND.

Oh! oh! quels barbarismes ! *Hominorum barbarissimorum et pulcherrissimorium.*

BOTZARIS , *à part.*

Attrape.

DURAND.

Oh! de plus fort en fort.

CANARDINI.

Cependant ce qui est sur l'un est sur l'autre.

DURAND.

Passons aux questions de l'histoire de Paris. J'avais demandé quels étaient les monumens ou établissemens publics qui devaient de préférence attirer la curiosité des étrangers, d'en décrire quelques parties, et de donner sur leur création quelques détails... Lesquels avez-vous choisis ?

CANARDINI.

L'Hôtel des Invalides, la Porte Saint-Denis et le Jardin des Plantes.

BOTZARIS.

Et moi, le Jardin des Plantes, la Porte Saint-Denis et les Invalides.

DURAND.

Singulier rapprochement !

CANARDINI.

On se rencontre quelquefois dans Paris.

DURAND.

Voyons, commencez, Canardini.

CANARDINI, *à part.*

Va-t-il ouvrir des yeux, le Grec, quand il verra toutes ses réponses. *(haut.)* L'Hôtel des Invalides fut établi non loin de la place nommée aujourd'hui la Bastille par saint Louis. (*Tous se mettent à rire.*) (*Elevant la voix.*) Par saint Louis, qui revenait de la croisade avec 300 soldats que les Sarrasins avaient aveuglés.

DURAND.

Qu'est-ce que vous nous dites donc là? Vous confondez les Invalides avec les Quinze-Vingts.

CANARDINI, *à part.*

Alors le Grec s'est trompé.

DURAND.

A vous, Botzaris.

BOTZARIS.

Louis XIV fit bâtir l'Hôtel des Invalides pour les vieux soldats blessés qui, compagnons de sa gloire, s'étaient illustrés dans leurs campagnes. Cet hôtel est un palais magnifique, monument de la grandeur royale ; tout y est d'un fini précieux, tout y est exécuté avec un soin et un art admirables ; six à sept mille braves reçoivent là les soins dont leur âge, leurs blessures, et les services rendus à la patrie les rendent dignes. A l'ombre des arbres, des groupes de vieux serviteurs de la France s'entretiennent de leurs anciens exploits, et semblent se rajeunir au récit des combats.

DURAND.

A merveille... Passons au Jardin du Roi, Canardini, lisez.

CANARDINI.

C'est là qu'on remarque, entre autres merveilles, un cèdre du Mont-Liban, âgé de 3,000 ans, et qui fut semé dans les premières années de la création de ce jardin, c'est-à-dire il y a 200 ans.

TOUS.

Ah! ah! l'ignorant !

DURAND.

Canardini, vous nous dites que le jardin a 200 ans et qu'on y a semé un arbre il y a 3,000 ans : c'est sans doute l'invalide de garde qui vous aura raconté cette particularité singulière.

Pendant que nous y sommes , continuons..... La porte Saint-
Denis.

CANARDINI.

Oh! je le tiens là... La Porte Saint-Denis, superbe ouvrage ,
bâti par les Romains...

TOUS.

Ah! ah! ah!

CANARDINI, *haussant la voix*.

Il devait servir d'aqueduc.

TOUS.

Ah! ah! ah!

CANARDINI.

Aux eaux de la machine de Marly.

TOUS, *riant plus fort*.

Ah! ah! ah!

DURAND, *de même*.

L'ignorant! je commence à comprendre.

CANARDINI.

Lisez donc au moins celle de Botzaris, il n'est peut-être pas.
plus fort que moi.

BOTZARIS.

AIR : *Vive le Roi ! vive la France !*

Le jardin qu'embellit Buffon
Comme un temple en France s'honore;
Là, le beau nom de Daubenton,
Sous les berceaux résonne encore.
Quant au monument triomphal,
Grâce aux arts, il montre à l'Histoire
Une porte qu'un vœu royal
Ouvrit en France à la victoire.

CANARDINI.

Je l'ignorais.

BOTZARIS.

Oui , sans doute; parce qu'assez paresseux pour ne point
acquérir de connaissances , vous êtes assez lâche pour chercher
à ravir celles des autres, vous pensiez que je ne vous voyais
pas quand vous jetiez les yeux sur ce que j'écrivais ; mais ce

n'était que lorsque j'avais mis une sottise dont vous étiez la dupe, que je me détournais pour vous laisser copier.

TOUS.

Ah! ah! ah! bravo, Botzaris.

BOTZARIS, *à part.*

Il est démonté, frappons le dernier coup. *(haut.)* Je vous pardonnerais de m'avoir dépouillé de ma couronne, si vous n'aviez pas cherché à me faire perdre ma réputation par une autre calomnie... Camarades, j'ai trouvé celui qui a commis le larcin le plus honteux ; il est parmi nous... J'en ai des preuves certaines. *(A part.)* Oh! mon Dieu, protége ma ruse. *(haut.)* J'en ai des preuves aussi convaincantes que celles trouvées dans mon vêtement : le maladroit, dans un moment de précipitation, en voulant mettre dans la poche de ma veste les deux pattes de dindon, n'en a mis qu'une par distraction, et il a eu la sottise et la maladresse, tant le vice est niais et tremblant, non seulement de ne pas jeter loin de lui le second témoignage, mais de le garder sur lui, et de le cacher au fond de son chapeau qu'il a sur la tête. *(A ce mouvement, Canardini, par un mouvement machinal, ôte vivement son chapeau.)* Voilà celui qui a dérobé le dindon.

TOUS.

Canardini!

CANARDINI, *haut.*

Imbécille, je me suis laissé prendre.

BOTZARIS.

Deux fois aujourd'hui.

CANARDINI.

Que de bruit pour un dindon ! *(Il se dirige vers la porte.)*

JACQUES, *l'appelant.*

Monsieur... j'ai l'honneur de vous saluer.

(Canardini qui s'est retourné au mot de monsieur, sort furieux.)

SCÈNE XVII

LES MÊMES, *hors Canardini.*

TOUS.

O mon ami !... ô Botzaris !

BOTZARIS.

O mon colonel, mon maître, ma bonne Hélène, que ce poids me chargeait ! O mes amis, ce doit être bien affreux d'être coupable, car il est déjà bien douloureux d'être soupçonné.

DURAND.

Botzaris, voici votre couronne.

BOTTZARIS.

Ah ! joignons-les toutes les six. *(Il prend celle d'Hélène.)* Qu'elles n'en forment qu'une ; offrons-la au colonel, et qu'elle reste entre ses mains comme un monument des triomphes de notre enfance, et de la reconnaissance que nous conservons au pays où nous cueillîmes nos premiers lauriers.

SURVILLE.

Non, mes enfans ; gardez-les comme un doux souvenir de notre patrie ; et de retour dans vos foyers, vous direz en les montrant : la France les décerne à ceux qui les méritent.

VAUDEVILLE

Air du vaudeville de *l'Ermite et de la Pèlerine.*

Voilà pour vous le beau jour qui commence ;
Qu'à vos leçons succède un gai refrin.
Livrez vos cœurs à la douce espérance,
Et pour toujours bannissez le chagrin.

CHOEUR.

Voilà pour nous, etc.

CHARLES.

Les cris de mort frappaient l'écho d'Athènes,
L'Europe enfin des Grecs brise les chaînes ;
Et notre France a dit aussi
Aux heros de Missolonghi,

CHOEUR.

Voilà pour vous le beau jour qui commence, etc.

DURAND.

Jadis pour savoir l'art d'écrire ,
J'ai mis dix ans, j'ose à peine le dire ;
Aujourd'hui les petits garçons
Peuvent l'apprendre en huit leçons.

CHOEUR.

Marmots, chez nous votre beau jour commence , etc.

VILLIAMS.

Sans rien donner au cocher qui nous roule,
En Dame-Blanche, où chacun monte en foule ;
Vous pouvez aller pour cinq sous
Du Carrousel au Pont-aux-Choux.

CHOEUR.

Piétons, chez nous votre beau jour commence , etc.

JACQUES.

Viv'nt les progrès d'l'économie!
Puisqu'on a , grâce à l'industrie,
Pour vingt francs, chez M. Ternaux ,
Trois rédingott's et deux manteaux.

CHOEUR.

Frileux, chez nous votre beau jour commence , etc.

BOTZARIS.

Des arts prédisant la merveille,
Au moment où naquit Corneille,
L'echo de l'immortalité
Criait à la postérité :

CHOEUR.

France, voilà ton beau jour qui commence , etc.

HÉLÈNE, *au public.*

Chacun de nous obtint une couronne ;
Ici, messieurs, l'indulgence la donne :
Veuillez m'accorder la faveur
De donner la mienne à l'auteur.

Ah! prouvez-lui que son beau jour commence ;
Que des bravos éloignent ses chagrins,
De nos efforts qu'ils soient la récompense,
Et le doux prix de nos joyeux refrains.

REPRISE

Ah! prouvez-lui, etc.

FIN.